AF335869

A. MOREL

LE

CODE SOCIAL

MANUEL DU CITOYEN FRANÇAIS

PARIS

A. LE CHEVALIER, ÉDITEUR

61, RUE RICHELIEU, 61

1871

Prix : 20 centimes

LE CODE SOCIAL

MANUEL DU CITOYEN FRANÇAIS

Il est doux de vivre aux époques de calme, où la société suit paisiblement le cours d'une existence sereine et majestueuse, dans la joie et l'orgueil de sa grandeur.

Mais sous le coup des calamités et des revers de la patrie, l'homme ressent dans tout son être comme un bouillonnement de la vie morale ; il pense, il veut avec une intensité d'ardeur qu'il ne se connaissait pas. C'est le moment des pensées, des résolutions et des actes suprêmes. Crise féconde, malgré ses deuils et ses angoisses !

Chacun donne alors irrésistiblement tout ce qu'il peut, plus qu'il ne pouvait hier.

Ce mouvement étrange, par lequel l'individu, placé peut-être tout près de la ruine ou de la mort, aperçoit pleinement, avec surprise, avec passion, combien il aime et l'humanité et le pays et tous ses frères, combien il leur doit de jouissances passées, de tendresse et de dévouement, ce sursaut de l'âme a été la cause et sera l'excuse de cet écrit.

J'ai osé, presque a mon insu, un travail qui, à toute autre époque, eût effrayé et décontenancé mon esprit ;

c'est de résumer les lois éternelles de la vie humaine et de poser par ordre les maximes nécessaires de la République française.

Que l'on veuille bien cependant ne pas se méprendre : l'enthousiasme n'a eu d'autre part dans ces lignes, que d'avoir donné le courage de les tracer,

Le reste est une affaire de sang-froid. C'est à la méthode, c'est à l'expérience que jai eu recours : j'ai consulté autant que je l'ai pu, autant que je l'ai comprise, la réalité des faits, la leçon des événements. J'ai si peu inventé que l'on retrouvera ici, abondamment, des idées que tout le monde a eues ou exprimées. Où j'ai parlé sans maître, j'ai tâché de me défendre de cette ingéniosité qui mène à l'utopie impraticable, en essayant de réduire la vie en formules. Tout ce qui va suivre est dicté par l'observation et la raison usuelle. La nouveauté, si elle se trouve, ne sera que dans l'enchaînement des idées et dans la découverte de quelques moyens de conduite.

L'ensemble, quelles que soient les fautes personnelles à l'auteur, est, par l'objet et la multitude des vérités qu'il réunit, digne de la France nouvelle. Ce Code social survivra : nos malheurs assurent son autorité. C'est un legs fait à l'avenir, c'est l'attestation même du droit.

Paris, 21 *décembre* 1870.

L'HOMME

RÉPUBLIQUE UNIVERSELLE

1. L'Humanité est l'homme perpétuel et universel. La nature, en l'exposant à des milliers de chances de dénûment et de misère qui proviennent des choses et de lui même, lui a donné pour biens extérieurs la terre, l'eau et l'air ; pour biens personnels, de précieuses facultés toutes susceptibles de perfectionnement.

2. La Société est la forme naturelle et nécessaire de la conservation de l'individu, ainsi que du jeu, de l'éducation, du développement volontaire de ses facultés physiques, intellectuelles et morales. Elle est indéfiniment capable de progrès, par l'initiaiive des individus et le sentiment collectif des foules. Son but idéal est la garantie effective du droit et de l'accession de tous les hommes aux moyens de vivre entre eux, égaux, libres, éclairés, confiants et heureux, dans la jouissance et l'exploitation des biens de l'Humanité. Les inconscients et les faibles sont des membres sacrés du Corps social, qui est à la fois l'imitation et le type agrandi de la famille.

3. La Société, pour conserver et défendre les principes de son existence, doit prévenir, réprouver, répri-

mer et punir les fautes, délits et crimes individuels qui vont contre ces principes. L'honneur, les biens matériels et la personne de l'individu coupable répondent de ses offenses envers les parties et l'ensemble du corps social.

4. Nul ne peut être préventivement dépouillé de tout ou partie de ses droits d'homme. Nul n'y peut renoncer, non plus qu'à ses devoirs d'humanité.

5. Aucune faute de l'individu qui ne soit pour une partie la faute du corps social : aussi ne peut-on abolir, à l'égard de l'individu coupable, qu'une portion de ses droits proportionnée au mauvais usage de sa liberté personnelle. Même déchu, même exclu de la communauté sociale, il conserve ceux des droits de l'humanité dont la privation n'est pas une forme nécessaire de son châtiment. En général, son amendement doit être le but de sa peine.

6. Les hommes sont libres de vivre associés par groupes à leur convenance, pourvu que cette association n'aille point contre les lois générales de l'humanité.

7. Un groupe est une nation, s'il est constitué par une société d'hommes formant un peuple en possession d'un territoire, y obéissant aux lois qu'il se donne et se proposant un but d'activité qui lui soit propre.

8. Toute nation est libre de désagréger d'elle-même une partie qui y consent ou qui est en révolte contre les autres parties ; mais une partie ne peut se détacher sans le consentement des autres, à moins que celles-ci ne violent les droits de l'humanité.

9. Toute nation est libre de se reformer sur des bases nouvelles ; elle l'est spécialement de s'agréger ou de fédérer avec soi une autre nation ou partie de nation qui y consent. Si elle s'agrége seulement une partie de nation, c'est sous la clause que cette partie soit quitte de ses devoirs et obligations envers l'ensemble d'où elle se détache.

10. Aucune nation, sauf le cas d'immoralité dans le but de son existence, n'est tenue de se dissoudre, même après la perte de son territoire.

11. Une nation est une personne morale. Elle est donc responsable de ses actes libres; mais tous ceux de ces actes qui n'entreprennent pas sur le droit d'autrui sont légitimes au regard des autres nations. Elle n'est pas plus responsable qu'un individu des cas de force majeure qui sont le résultat d'une force inéluctable, inhérente à la nature des choses.

12. Aucune nation n'est libre d'agir contre les droits de l'humanité. Toute nation qui les offense gravement doit être punie par une autre ou par d'autres plus morales.

13. Les conflits d'amour-propre ou d'intérêts entre nations sont des querelles particulières, qui peuvent être réglées ou par des traités ou par la force. Si c'est par la force, les autres nations sont tenues d'empêcher la ruine ou la destruction d'une des parties contendantes. Les autres nations peuvent même, en tout état de cause, leur interdire de commencer ou de poursuivre la lutte et les soumettre toutes deux à un tribunal arbitral. Pour qu'une nation soit privée d'une partie de son territoire, le consentement des autres nations est nécessaire.

14. Nulle nation sans un gouvernement. Les formes de gouvernement sont toutes licites, en tant que provisoires, à moins que la forme du gouvernement d'une nation ne constitue un péril public pour les lois de l'humanité, auquel cas les autres nations sont tenues d'intervenir et d'abolir cette forme de gouvernement.

15. Une forme de gouvernement ne peut être que provisoire si elle n'accorde pas satisfaction à tous les droits naturels de l'homme et ne comporte pas l'avénement prochain de tous les membres de la nation à la plénitude de tous les droits du citoyen. La République démocratique, seule analogue au développement complet des facultés de l'homme et à l'exercice des droits du citoyen, est, par conséquent, la seule qui soit rationnelle et définitivement légitime.

16. Quiconque entreprend contre la République démocratique est coupable envers l'humanité.

17. Les droits et les devoirs qu'une nation libre pro-

pose au consentement des individus qui sont ses membres ne peuvent être contraires aux droits et aux devoirs de l'humanité ; ils ne sont que ces droits et ces devoirs mêmes affirmés par cette nation et promulgués comme base de son existence spéciale au sein de l'humanité. L'égalisation de tous les citoyens dans le plus grand bonheur et la plus haute grandeur possibles est la perfection de la vie d'une nation. L'homme qui, du consentement de cette nation, les exerce et les accomplit chez elle, sous la garantie des lois et des règles pratiques qu'elle prescrit, est entièrement et pleinement un citoyen.

18. Tous les citoyens ont, en principe, et ne peuvent perdre qu'en cas de démérite, l'accès égal à tous les droits que la société humaine consacre ou fait naître.

19. L'Etat, source vivante de ces lois et règles pratiques, est la nation elle-même considérée dans sa vie officielle, dont le Gouvernement est l'expression active et l'instrument toujours renouvelable.

20. L'Etat facilite et assure la jouissance pour tous des choses physiques et morales communes par nature, crée lui-même et distribue celles qu'il peut seul donner et mettre en partage, procure enfin les garanties nécessaires à l'activité individuelle, en veillant à ce que chacun puisse agir selon l'expansion naturelle de ses forces, mais sans aucun dol et sans porter dommage à autrui.

21. L'individu, sous la suprématie de l'Etat, remplit sa destination humaine, tant individuelle que sociale. Il jouit du DROIT A LA VIE, par conséquent aux moyens légitimes de conserver et d'améliorer sa vie par la sécurité, la liberté physique, intellectuelle et morale, la propriété ; ce dernier mode du droit ayant comme principes ou comme conséquences le droit au travail, aux contrats de commerce et autres semblables, ainsi qu'à l'instruction, mère des ressources industrielles, école de prévoyance, conseillère et appui de l'esprit d'invention, conservatrice des progrès antérieurement acquis par le genre humain. Mais l'individu ne peut souscrire des engagements contradictoires, ou d'une exécution impos-

sible, ou contraires aux lois générales de la société, ou obligeant aveuglément sa volonté pour un temps indéfini, ou enchaînant celle de tiers non consentants, pour lesquels ou contre lesquels il n'aurait aucun droit. L'individu ne peut en outre détenir ni prétendre une part de propriété actuellement dévolue à d'autres, ou plus grande que ne le comportent à la fois et sa propre utilité et la nécessité de vivre afférente à ses concitoyens. Il ne peut non plus s'attribuer directement pour lui-même une part extérieure quelconque de propriété autrement que d'après le mode légal : sinon il s'arrogerait un privilége. Nul privilége dans l'Etat. Tout avantage accordé ou garanti aux individus par l'Etat est concédé dans son intérêt final et se trouve compensé par une redevance à son profit dans la proportion de cet octroi ou de cette garantie.

22. Nul citoyen n'a de droits sans devoirs correspondants. On ne peut réclamer les premiers sans accomplir les seconds. Le citoyen est donc tenu à la fidélité envers l'Etat, à l'exécution des clauses de la loi tant qu'elle subsiste, à la participation aux charges et périls communs, même au prix de ses biens et de sa personne. Il doit assistance et tolérance à ses concitoyens sans rien méditer ni exécuter, ni suggérer qui soit nuisible aux droits d'autrui, que ces droits résultent ou de l'obligation naturelle ou d'un contrat positif.

23. Pour lui-même et pour sa patrie, le citoyen doit préserver, conserver et augmenter ses forces physiques selon les lois de l'hygiène ; ne devancer le terme naturel de la vie que par dévouement raisonné, par devoir selon la justice et la fraternité, c'est-à-dire conformément à la loi même de la société : « Un pour tous, tous pour un. » Il doit encore recourir au travail pour n'être à la charge de personne, modérer ses besoins et désirs de jouissance, se servir de ses biens acquis, mais n'en rien dissiper inutilement de ce qui pourrait servir aux autres hommes, ne rien détruire dans la nature de ce qui ne lui est pas nécessaire à lui-même ou ne lui nuit pas et profiterait à d'autres ; n'imposer à aucun être vivant la

souffrance qui peut lui être épargnée ; enfin il doit porter une exacte probité dans les relations journalières et
l'exiger des autres, remplir avec diligence toute fonction
sociale qui lui est confiée, dire partout et toujours ce qui
lui semble la vérité, combattre le mensonge, s'instruire
et instruire les autres selon ses moyens dans la science et
dans l'art, se former un jugement droit, se faire une ha-
bitude de la bonne foi, de la pudeur, de la sobriété,
obéir aux lois naturelles de la famille, de l'amitié, de
la société humaine ; et, pour tout dire, « vivre et mourir
en homme. »

24. Les conflits du droit d'un citoyen et du droit d'un
autre citoyen se règlent d'après la justice, qui est, avant
tout, concurrence dans l'égalité. Dans le cas de faute, de
délit, ou de crime constaté, la punition peut être com-
muée ou levée, à moins de contumace persistante.

25. La société peut homologuer le pardon accordé au
coupable par le citoyen offensé ; elle peut même inter-
poser son autorité souveraine pour réhabiliter publiquement d'elle-même le coupable qu'elle se réconcilie.
La clémence individuelle ou sociale est, sous les réser-
ves de raison, une application du principe essentiel de
fraternité.

26. L'homme né sur le territoire d'une nation et qui y
a vécu continûment est supposé citoyen de cette nation. Mais à l'âge de vingt ans révolus, il doit être libre
d'accepter ou de refuser ce titre de citoyen. En cas de
refus, qu'il fournisse à l'État une compensation effective
des services qu'il en a reçus ; après quoi, il peut être
contraint de quitter le territoire. En cas d'acceptation
constatée et vérifiée par l'Etat, la nation qui l'admet
comme citoyen devient sa patrie.

27. Un homme a toujours le droit d'abjurer publiquement sa patrie et de s'éloigner d'elle, sous la même clause
d'indemniser loyalement l'Etat des avantages qu'il en a
obtenus jusque-là et sous condition de ne jamais rien
entreprendre contre son ancienne nation. Jusqu'à cette
abjuration et après, le citoyen qui agit contre cette nation est félon et traître. La félonie et la trahison ne peu-

vent être atténuées par les circonstances du fait. Elles sont inexpiables.

28. Une nation a le droit de rejeter le citoyen qui, chez elle, menace de destruction les lois de l'Etat conformes au droit de l'humanité. L'homme ainsi rejeté d'une nation est un banni. Le banni peut n'être reçu par une autre nation que sous condition déterminée. Le banni réfugié chez une nation limitrophe de celle qui l'a exclu doit être éloigné sur la demande de cette nation s'il continue contre elle des manœuvres criminelles et dangereuses.

29. Nul ne peut être citoyen de deux patries. L'étranger sans patrie est un hôte qui n'a que le droit de passage chez chaque nation qu'il aborde.

30. Les lois d'une nation relatives à l'impôt, à la police et à la sûreté, obligent l'étranger qui se trouve sur le territoire de cette nation, pourvu que ces lois ne portent atteinte ni aux droits ni aux devoirs de l'humanité.

31. Tout citoyen incarne en lui-même, au regard de toutes les nations étrangères, sauf le cas de délit ou de crime commis par lui sur leur territoire, les droits de la nation dont il est membre. Cette incarnation n'a pas lieu si l'homme est un fugitif se dérobant à la punition de son délit ou de son crime. Sur la demande de sa nation, il peut être extradé et livré à elle, si le crime a été prémédité ou si le délit est d'une telle nature que le coupable, en vivant à l'étranger, y retire un profit de son action.

32. Toute nation est responsable au dehors du fait de ses citoyens agissant comme tels à l'étranger. Tout citoyen est responsable du fait de sa nation; il l'est dans la mesure de sa participation libre aux actes qu'elle a voulus ou du caractère spécial dont elle a pu le revêtir lui-même authentiquement. La responsabilité du citoyen augmente ou diminue à proportion de son immixtion plus ou moins considérable dans le fait reproché.

33. Sont inviolables les parlementaires et ambassadeurs agissant comme tels et les citoyens qui, de l'aveu des belligérants, remplissent une mission de pure humanité.

RÉPUBLIQUE FRANÇAISE

34. La nation française est constituée en République démocratique : la souveraineté y réside dans le peuple, une, indivisible, imprescriptible, inaliénable.

35. Aucune portion du territoire continental et colonial de la République française ne peut en être distraite ni être engagée sans le consentement du peuple. Nulle portion du domaine immobilier ou mobilier de l'Etat ne peut être aliénée ou engagée que publiquement et de l'aveu de la nation.

36. La souveraineté réside essentiellement dans l'universalité des citoyens. Nul individu, nulle réunion partielle de citoyens ne peut s'arroger la souveraineté nationale. Nul n'a le droit de se prétendre plus inviolable que les antres citoyens.

37. Tout individu qui aurait usurpé la souveraineté ou prétendu soit à la partager avec le peuple, soit à l'exercer seul, devient par ce fait un ennemi public et reçoit la mort sur la simple constatation de son identité et de son crime. Ses complices et ses adhérents, s'ils ont usé de violence, sont également passibles de mort, sauf leur recours à la clémence du peuple, représenté par le Corps législatif. S'il n'y a pas eu violence, ils peuvent être judiciairement bannis à perpétuité ou à temps.

38. La loi, dans la signification suprême du mot, est l'expression libre et solennelle de la volonté générale. Elle est la même pour tous les citoyens, soit qu'elle protége, soit qu'elle punisse. Elle ne peut ordonner que ce qui est juste et utile à la nation; elle ne peut défendre que ce qui est nuisible à la nation et à l'humanité. L'individu conserve toujours ceux de ses droits que la loi ne pourrait atteindre sans injustice.

39. Il y a oppression contre l'individu lorsque le droit

naturel est violé en sa personne par la loi ou les agents de la loi.

40. Le droit de manifester publiquement sa pensée (sauf le cas d'atteinte à la souveraineté du peuple et d'outrage calomnieux contre les individus), le droit de s'assembler paisiblement, le libre exercice des cultes ne peuvent donner lieu à aucune poursuite judiciaire. Aucun culte n'est salarié, privilégié ni interdit par la nation.

41. Chaque citoyen a un droit égal de concourir à la formation de la loi et à la nomination des mandataires ou agents du peuple. Nul agent du peuple ne peut enfreindre ou éluder la loi ; nul mandataire chargé par le peuple de rédiger la loi et de la lui proposer ne peut lui en soustraire la ratification. Les députés du peuple au Corps législatif ne possèdent et n'exercent d'autre droit législatif qui leur soit propre que celui de promulguer des règlements et décrets pour l'application de la loi. La loi a pour objet un principe organique et constitutionnel sur lequel le peuple est appelé à voter.

42. Le peuple a toujours le droit de revoir, de réformer et de changer ses lois; mais à aucune époque, il ne peut ni agir ni délibérer contre sa souveraineté ou contre la loi de l'humanité. Le lui proposer est un crime de trahison.

43. Tout Français est citoyen, toute Française est citoyenne. Leurs droits se divisent en droits sociaux élémentaires, ou droits civils consacrés et réglés par la loi nationale, et droits essentiellement politiques ou droits civiques. Les droits civils des deux sexes sont égaux ; les femmes exercent les droits civiques compatibles avec le caractère et les aptitudes morales de leur sexe.

44. Parmi les citoyens, ceux-là seulement qui ont atteint l'âge de vingt ans révolus ont la jouissance plénière de tous les droits civiques, pourvu qu'il n'aient été l'objet d'aucune sentence judiciaire qui ajourne ou supprime tout ou partie de ces droits.

45. La loi accorde fictivement la personnalité civile à toute association qui lui en fait la demande dans es

conditions compatibles avec les droits des autres citoyens·
Nulle association ainsi formée ne peut l'être pour plus
de trente ans. Tous les citoyens sont libres d'ailleurs de
s'associer sans autorisation du gouvernement pour quel-
qu'objet que ce soit, à moins qu'il n'y ait péril pour les
droits de l'humanité et de la nation.

46. Les droits civils sont le droit à la vie et ceux qui
s'y rattachent directement, y compris le droit d'association. Ces droits n'ont pour limite que les devoirs
correspondants; mais l'exercice en est déterminé par
les lois et règlement publics.

47. Tout citoyen qui, par invalidité physique ou morale, ne peut faire valoir ses droits civils est, au défaut
de proches agissant pour son bien, placé d'office sous la
tutelle de l'Etat. L'Etat exerce cette tutelle ou directement par ses magistrats ou indirectement par des délégués spéciaux.

48. L'Etat prend les dispositions nécessaires pour assurer la santé et l'alimentation des citoyens. Il met
l'instruction à la portée de tous et favorise de tout son
pouvoir les progrès de la raison publique par les sciences et par les arts, dont il respecte et encourage l'indé-
pendance. Il oblige tout homme à acquérir, selon sa ca-
pacité, l'instruction élémentaire. L'enseignement, les
sciences et les arts ne sont soumis à aucune mesure
préventive ni fiscale. La presse et la parole libres ne
peuvent être l'objet d'aucun impôt particulier.

49. Le droit de chaque citoyen à la sûreté engendre
l'établissement de lois pénales, le droit de police de l'E-
tat et la nécessité d'une force armée coercitive et ré-
pressive. Mais nul ne doit être arrêté ni détenu que dans
les cas déterminés par la loi et selon les formes qu'elle
a prescrites. Tout citoyen appelé ou saisi par l'autorité
de la loi, doit obéir à l'instant. Il se rend coupable par
sa résistance. Hors des cas et sans les formes que la loi
détermine, tout acte exercé contre un homme est arbi-
traire et tyrannique. Celui contre lequel on voudrait
l'exécuter par la violence a le droit de le repousser par la
force. Ceux qui solliciteraient, expédieraient, signe-

raient, exécuteraient ou feraient exécuter des actes arbitraires sont coupables et doivent être punis. Les citoyens réunis en force armée, et tous les agents de l'Etat sont soumis à une pénalité spéciale, réglée par la loi avec une juste rigidité.

50. Tout homme accusé est présumé libérable par sentence des juges; jusqu'à ce qu'ils aient prononcé, s'il est jugé indispensable de l'arrêter, toute rigueur qui ne serait pas nécessaire pour s'assurer de sa personne doit être sévèrement réprimée par la loi. Nul ne doit être jugé qu'après avoir été entendu ou légalement appelé; les juges ne peuvent appliquer qu'une peine contenue dans la loi antérieurement promulguée. La loi ne décerne que des peines évidemment et strictement nécessaires.

51. L'Etat est garant de la liberté individuelle; si elle est opprimée par le fait du Gouvernement, les individus ont recours contre le Gouvernement au peuple représenté par les magistrats et les jurés. En cas de refus du Gouvernement d'obtempérer à la sentence des tribunaux, l'insurrection contre lui est pour le peuple et pour chaque portion du peuple le plus sacré des droits et le plus indispensable des devoirs. L'intérim du pouvoir passe alors de plein droit à la minorité du Corps législatif: celle-ci, dans le plus bref délai, appelle une Convention.

52. En vertu de son droit de propriété, l'homme, sous la réserve des limites naturelles de ce droit, jouit et dispose à son gré de ses biens et de leurs fruits pour le présent et pour l'avenir, sauf la réserve des droits de ses coopérateurs, de ses descendants actuellement vivants ou conçus, et, à leur défaut, de ses ascendants. L'Etat ne prélève aucun droit sur l'héritage ainsi transmis ou naturellement ou par testament, mais il est lui-même cohéritier du mort, qui ne laisse que des collatéraux du deuxième degré (frères et sœurs), héritier à défaut de ceux-ci. Les collatéraux héritiers peuvent acheter à l'Etat sa part d'héritage moyennant une somme payable immédiatement ou par annuités. Tout héritage acquis par l'Etat est mis en vente : les acquéreurs préférés, à condition égale de prix ou de solvabilité,

sont ceux qui ont eu part à l'exploitation du fonds délaissé par le mort. Ils sont admis à en payer l'acquisition par annuités.

53. Nulle contribution ne peut être établie, nulle réquisition publique ne peut être ordonnée que pour l'utilité générale. Aucun citoyen ne peut être privé de la moindre portion de son bien que sous la condition d'une juste indemnité légale. Nul genre de culture, de commerce ou d'industrie ne peut être interdit à l'industrie des citoyens, sous la réserve du droit de police et sauf les droits de l'Etat pour l'aménagement et la conservation des choses, selon l'intérêt du public.

54. Les droits civiques sont ceux en vertu desquels le citoyen concourt directement ou médiatement à la formation de la loi, à la défense et à l'avantage de l'Etat dont il est membre : médiatement par les représentants et mandataires qu'il se donne ; directement par la publicité de ses opinions sur les principes et sur les affaires de l'État et de la société; par ses votes et actes comme représentant ou mandataire du peuple ; par le vote qu'il émet, comme simple citoyen, sur les lois soumises à son appréciation par le Corps législatif; enfin, par le payement de sa portion contributive à l'impôt, par ses services militaires, par ceux qu'il rend soit comme juge, soit comme juré, soit comme délégué du peuple pour quelque office légal que ce soit. L'exercice de tous ces droits et l'accomplissement de tous ces devoirs supposent essentiellement la liberté de conscience et le droit de manifester sa pensée. La liberté civile est la base de la liberté politique, qui se trouve sous la protection des mêmes garanties sociales et ne peut être également réglée que par la loi.

55. Les citoyennes peuvent être légalement consultées sur les questions relatives aux lois intéressant l'humanité ou les droits et les devoirs de la famille. Elles peuvent exercer, sur la désignation des magistrats, des fonctions civiques analogues à leurs facultés et qualités spéciales.

53. L'usage des droits civiques est incompatible avec

une diminution ou privation quelconque, légalement
prononcée, de la jouissance des droits civils. Il l'est, en
outre, avec l'état de mise en accusation.

57. Toute imputation fausse, de nature à produire pour
un citoyen la diminution ou la perte de ses droits civiques ou civils, peut donner lieu à une réparation légale,
aux dépens de celui ou de ceux qui, sans probabilités
suffisantes, auraient présenté ou soutenu publiquement
cette imputation. Il en est de même de tout acte illégal.

58. Les délits et crimes des mandataires, agents ou
délégués du peuple, ne doivent jamais être impunis.

59. Tous les citoyens ont le droit de surveiller l'emploi
des contributions publiques et de s'en faire rendre
compte.

60. Le droit de présenter des pétitions aux déposi-
taires de l'autorité publique ne peut, en aucun cas,
être interdit ou suspendu.

61. Les fonctions publiques sont temporaires, ainsi
que toute commission, délégation et contrat se rappor-
tant au service public. Elles ne donnent lieu à aucun
privilége personnel. En dehors des fonctions qu'il remplit, le fonctionnaire est simplement un citoyen. Chaque
fonction a ses limites déterminées par la loi. Nul ne peut
occuper à la fois deux fonctions incompatibles avec la
division constitutionnelle des pouvoirs et offices. Toute
fonction publique, sauf les exceptions consenties par le
peuple, est rémunérée.

Elle l'est, d'après une base uniforme, à proportion du
temps et de l'effort qu'elle est censée réclamer ; elle
l'est, en outre, selon les risques et dépenses qu'elle peut
entraîner pour le fonctionnaire.

62. Tout citoyen doit avoir un domicile légal. Un
compte d'état civil et civique lui est ouvert et est cons-
tamment tenu en règle à la municipalité de ce domicile.
L'extrait authentique de ce compte sert de carte de sûreté, d'identité et de civisme. Chaque citoyen possède
un carnet constatant, au moins sommairement, ses recettes de profit et autres et ses dépenses. Cette compta-
bilité personnelle, légalement vérifiée, sert de base pour

la distribution de tout secours, subside, prêt ou indemnité publics accordés légalement. Au besoin, ce carnet est écrit et tenu au courant par les soins de l'autorité publique.

63. Le territoire continental de la France et de ses principales colonies est divisé en communes, cantons et départements.

64. La commune est l'élément primaire de l'organisme politique. Elle comprend au moins huit cents citoyens électeurs, qui peuvent être partagés en diverses sections à raison de leur nombre ou de la dispersion de leurs demeures sur le territoire d'une même commune. Aucune assemblée communale par section ne peut comprendre moins de trois cents électeurs inscrits. Toute commune fait partie d'un canton, tout canton d'un département. Les départements, représentés par leurs députés, nomment le corps législatif permanent, un et indivisible. A Paris et dans les grandes villes, chaque quartier forme une commune ; un groupe de quartiers forme un canton.

65. Tout citoyen est inscrit dans une commune et ne peut être inscrit que dans une seule, où il exerce ses droits d'électeur, mais il est éligible à toute fonction dans toute la France. Les citoyens électeurs de chaque commune se réunissent à des époques fixes ou extraordinairement.

66. Les assemblées ordinaires sont annuelles ou de deux ans en deux ans.

1. Tous les deux ans, les électeurs de la moitié plus un des départements se réunissent, d'après un roulement indiqué par la loi :

Le 1er juillet, pour élire dans chaque département, par scrutin de liste, les représentants de la France au Corps législatif et leurs suppléants ;

Le 1er septembre, pour élire dans chaque canton un conseiller de département et son suppléant, un juge de paix et son suppléant, les notaires publics chargés de toutes les constatations authentiques relatives aux actes qui intéressent la fortune et la volonté des citoyens ;

Le 1er novembre, par scrutin de liste, les conseillers municipaux de chaque commune.

2. Tous les ans, les électeurs de chaque commune se réunissent :

Le 1er février, pour avoir communication de la liste des citoyens habitant la commune, des absents et émigrés, celle des électeurs, des jurés, des soldats volontaires et des soldats miliciens;

Le 1er mars, pour recevoir toutes explications relatives à l'administration municipale de la commune, sauf les matières de contributions;

Le 1er octobre, pour entendre lecture du budget de la commune et recevoir les explications utiles;

Le 1er décembre, pour entendre lecture de la répartition dans la commune, le canton et le département, des portions contributives aux impôts de l'État. Dans cette dernière assemblée, le prix moyen de la journée de travail et le prix moyen des strictes dépenses de la vie pour chaque journée est débattu et constaté par les électeurs.

67. Les assemblées extraordinaires ont lieu sur la convocation du Corps législatif, pour émettre leur vote relatif à tout projet de loi après lecture de l'exposé des motifs du projet; à tout projet de paix ou de guerre; sur la convocation du conseil communal, du conseil départemental ou du juge de paix, pour tout objet grave intéressant spécialement la commune, le canton ou le département. Une assemblée extraordinaire est de droit lorsque l'autorité compétente pour la réunir en a reçu l'invitation expresse par une pétition signée d'un tiers des électeurs.

68. Toute élection a lieu à la pluralité relative des

suffrages, pourvu que la moitié des électeurs inscrits aient voté. Toute élection est invalide si la moitié de ces électeurs n'a pas donné ses suffrages. L'opération électorale recommence le surlendemain, et le résultat, quel que soit le petit nombre des votants, est valable ; mais si leur nombre n'a pas atteint la moitié du nombre des inscrits, la commune paye, comme amende, au département et à l'Etat, un huitième en sus des contributions qui leur reviennent. Aucune assemblée publique préparatoire ne peut être empêchée préventivement. Toute assemblée publique donnant lieu à des troubles graves peut être suspendue ou dissoute. Nulle assemblée ouverte au public ne peut avoir lieu sans un bureau formé d'un président et de deux assesseurs, tous responsables des désordres qu'ils auraient pu empêcher. Nul ne peut porter d'armes dans les assemblées publiques consultatives ou délibérantes, qu'elles soient officielles ou non officielles. Toute violence qui est exercée dans une réunion commandée par la loi est une atteinte au droit du peuple et peut entraîner le bannissement des coupables, pour un temps déterminé, hors de la commune, du canton, du département ou même du territoire national.

69. Les communes rurales élisent leurs conseillers municipaux à raison d'un conseiller par 100 habitants ; les communes urbaines composées d'au moins 2,000 électeurs élisent leurs conseillers à raison d'un conseiller par 200 électeurs. En cas de partage égal des voix entre deux candidats, le sort décide entre eux.

70. Les conseillers élus procèdent, séance tenante, à l'élection d'un maire et de deux adjoints. Le nouveau Conseil et ses magistrats entrent immédiatement en fonctions.

71. Le maire a le droit de déléguer un des conseillers municipaux ou même un autre citoyen pour agir en son lieu et place, mais sous sa responsabilité et avec l'aveu de la majorité du Conseil, dans les offices qui ne sont pas affectés aux adjoints.

72. Le premier adjoint est spécialement chargé des

parties de l'administration que le maire lui délègue ; le second adjoint a la direction de la police. L'un et l'autre ne peuvent agir, sauf les cas d'urgence, qu'avec l'aveu du maire. Ils doivent compte de leurs actes aux autres conseillers municipaux et aux électeurs.

73. Le conseil communal délègue, au hasard du sort, trois de ses membres comme jurés du tribunal de simple police, présidé par le maire ou le second adjoint. Appel peut être fait de leur jugement devant le tribunal du juge de paix

74. Dans aucune commune, la force armée de la commune ne peut remplir un office de police et aucune arrestation ne peut être faite à domicile, sauf le cas de flagrant délit, sans l'assistance du maire ou du second adjoint, ou d'un conseiller municipal délégué, ou d'un citoyen électeur commis régulièrement par le maire et pour lequel celui-ci est responsable. Tout citoyen requis de prêter aide pour une arrestation légale, comme pour tout office de police, de sûreté ou de secours, est tenu d'obéir aussitôt à cette réquisition.

75. Tout citoyen arrêté sur le territoire d'une commune par les citoyens agissant d'urgence, ou par ordre soit du second adjoint, soit du conseil départemental, soit du Gouvernement central, devra être représenté au maire, qui peut ordonner sa mise en liberté, avec ou sans caution pécuniaire, sauf le cas de crime. Le maire qui aura indûment libéré un individu arrêté peut être poursuivi comme complice.

76 La rémunération civique du maire est fixée, comme *minimum* mensuel, à la valeur moyenne de huit journées de travail, celle des adjoints à cinq, celle des conseillers communaux à deux. Cette somme peut être augmentée par un vote spontané du peuple dans l'assemblée du 1er décembre de chaque année.

77. Les conseillers municipaux sont nommés pour deux ans. La moitié moins un sont rééligibles immédiatement, mais de telle sorte qu'aucun d'eux ne puisse garder ses fonctions plus de quatre années de suite. Un ex-conseiller municipal peut toujours être appelé

comme consultant ou être commis en qualité de délégué pour un office spécial par le conseil de la Commune.

78. Le Conseil de la commune veille à l'exécution des lois, décrets, règlements ; nomme et révoque les agents salariés de la commune ; établit toutes les statistiques, tous les devis de recettes et de dépenses y relatives ; administre les biens communaux ; pourvoit enfin à tous les intérêts qui sont naturellement de son ressort.

79. Deux ou plusieurs communes d'un même département ou de départements différents peuvent se fédérer pour un ou plusieurs objets d'utilité, sauf l'agrément du conseil de leur département ou des conseils respectifs de leurs départements. Nul contrat de fédération ne peut avoir lieu pour plus de trente ans.

80. Une commune a la personnalité civile et l'exerce sous la surveillance du conseil de département.

81. Nulle commune ne peut changer ou arrêter les effets de la loi ou des décrets et règlements émanés des autorités compétentes, non plus que des sentences de justice régulièrement rendues et signifiées.

82. La nation ne salarie aucun culte : la commune ne peut déroger à ce principe.

83. Toute commune est, sauf le cas de force majeure, responsable des désordres commis sur son territoire. Pour les prévenir ou les réprimer, le conseil communal dispose des divers bans de la garde nationale de la commune et peut appeler le concours d'une commune voisine. En cas de rébellion ou de suspicion légitime, une ou plusieurs communes peuvent être provisoirement privées par le Corps législatif de tout ou partie de leurs droits civils ou civiques et placées temporairement sous la curatelle de l'Etat. La loi martiale peut être proclamée par ordre du Corps législatif et appliquée sur leur territoire.

84. Les comptes financiers de chaque commune sont tenus à jour et doivent être sans cesse à la disposition des citoyens électeurs, du conseil départemental et de l'Etat.

85. Les représentants élus des cantons forment le

conseil départemental. Ils nomment parmi eux, pour six mois, trois membres rééligibles formant un comité permanent administratif qui gère les affaires du département avec l'assistance d'un commissaire de l'Etat nommé
ar le Gouvernement. Le département a la responsabilité civile, sous la surveillance du Corps législatif.

86. Les citoyens électeurs nomment, par scrutin de liste, dans chaque département, les députés de la France au Corps législatif et les suppléants en nombre égal à celui des députés.

87. Ces députés rédigent les lois à proposer aux suffrages du peuple, font les règlements organiques nécessités par ces lois, rendent des décrets d'intérêt général, établissent le budget de l'État, pourvoient à son application et à son apuration, nomment les ministres, les membres de la Cour de cassation, les généraux commandant les corps d'armée, décernent les récompenses nationales.

88. Pour la préparation de leurs travaux et la surveillance de la chose publique, les citoyens députés au corps législatif nomment parmi eux des comités permanents pour trois mois, rééligibles, et des commissions temporaires. Ils peuvent envoyer dans les départements et à l'étranger des commissaires pris parmi leurs collègues et provisoirement remplacés au Corps législatif par les suppléants, si la mission doit avoir une durée de plus de dix jours.

89. Le Corps législatif ne peut se constituer ni voter s'il ne compte, présents au lieu des séances, au moins la moitié des députés plus un.

90. Les députés, dans l'année, après leur sortie de charge, peuvent être accusés et jugés du chef de corruption ou de trahison pour les opinions qn'ils ont énoncées et les actes qu'ils ont posés.

91. Ils peuvent, durant la session, être saisis pour fait criminel, en cas de flagrant délit ; un mandat d'amener ou un mandat d'arrêt peuvent toujours être décernés contre eux avec l'autorisation du Corps législatif.

92. Sur la demande de la moitié plus un des députés,

le Corps législatif peut être tenu de se dissoudre et de faire place à une Convention, investie pour un mois par les départements, d'un mandat spécial du peuple. Les conventionnels peuvent être élus députés pour la session immédiatement suivante.

93. Les suppléants des députés au Corps législatif, comme les suppléants à toutes fonctions, peuvent être, pour la session suivante, soit réélus, soit promus.

94. Les ministres nommés par le Corps législafif exécutent et font exécuter les lois, décrets et règlements. Les ministres peuvent se réunir et délibérer en commun, mais ils ne peuvent agir collectivement comme formant un corps spécial.

95. Ils sont, chacun dans son département ministériel, les chefs des agents de l'administration et responsables des actes de ceux-ci. Tous les agents administratifs attachés au service de l'Etat sont, comme ceux des départements et des communes, toujours révocables. Tous ces agents sont individuellement responsables, en ce qui les concerne, de l'inexécution ou de la violation des lois, décrets et règlements. Les tribunaux ordinaires connaissent de leurs fautes, délits et crimes.

96. La justice civile, correctionnelle et criminelle, est administrée, sans frais à la charge des comparants, par des juges et des jurés. Les jurés, sauf pour les tribunaux de simple police, sont annuellement tirés au sort parmi les électeurs : nul ne peut être juré s'il ne sait lire et écrire. Les juges de paix, toujours rééligibles comme tous les juges autres que ceux de simple police, sont assistés de quatre jurés: ils peuvent être chargés, conjointement avec ces jurés, des premières enquêtes sur tout fait concernant la fortune ou la vie des citoyens. Les juges de département sont nommés par le ministre de la justice d'après une double liste de candidats que lui présentent respectivement les juges de paix et le conseil départemental. Un même candidat peut figurer sur les deux listes. Les juges de département sont nommés pour deux ans. Un même tribunal prononce sur toutes les causes de son ressort, sans qu'il soit fait de distinction de juri-

diction entre le civil et le criminel. Les juges de département sont assistés, pour les causes civiles et correctionnelles, de six jurés; pour les causes criminelles, de douze. Les jurés siégent pendant huit jours au plus, à moins qu'une cause commencée ne les retienne davantage. Tout procès peut être renvoyé, sur la demande des deux parties ou du prévenu, à une autre session de jurés. Nul procès à juger par un jury ne doit être débattu devant lui pendant plus de quinze jours. Un ou plusieurs juges départementaux remplissent les fonctions de rapporteur et instructeur, sur la désignation de leurs collègues.

97. Il n'existe, pour aucune profession civile, de tribunal public d'exceptiou; mais les citoyens peuvent faire juger leurs différends par des arbitres de leur choix. La sentence des arbitres, visée par le juge de paix ou le président du tribunal départemental, elle est exécutoire. Les exécution de justice dans chaque département sont confiées à des huissiers désignés par les juges départementaux, sur la présentation des juges de paix.

98. Tous les jugements sont motivés et susceptibles d'appel, sauf en Cassation. La procédure est publique dans toute cause. Les prévenus et les parties peuvent se faire assister d'avocats, qu'ils choisissent ou qui leur sont désignés officieusement par les tribunaux. Il n'y a pas de corporation officielle d'avocats.

99. Toute citation donnée, toute poursuite exercée en justice sans cause suffisante par une personne contre une autre, peut donner lieu à une amende et à des réparations légales.

100. Il y a pour toute la République un tribnnal de cassation. Les juges de cassation sont nommés par le Corps législatif pour deux ans. Ils sont rééligibles. Toute cause est susceptible d'appel devant le tribunal de Cassation, qui juge sur pièces, mais peut procéder à un supplément d'instruction. Les juges de cassation désignent, en chaque cause qui leur est soumise, un d'entre eux comme rapporteur-instructeur.

101. Les finances de la République ont pour objet le

fonctionnement des services publics et l'assurance mutuelle des citoyens contre les sinistres. Leur quotité est réglée selon la nécessité de la chose publique. L'impôt n'affecte chaque citoyen qu'en raison proportionnelle de la faculté que ses ressources lui donnent pour payer cet impôt, et ne porte, sauf le cas de détresse ou de péril publics, que sur l'excédant des ressources de chaque contribuable. L'agiotage public sur les dettes de l'Etat est interdit, sauf l'escompte des titres proportionné à l'éloignement de l'échéance. Les spéculations sur les autres valeurs restent libres, mais une Bourse n'est qu'un bureau central ouvert, sous l'autorité publique, pour la constatation du cours moyen de ces valeurs et la facilité des échanges en gros.

102. L'Etat alimente ses finances par les dons volontaires des citoyens, les impôts, les amendes et les revenus de ses domaines. Tous les impôts sont directs. Il n'existe ni impôts de douanes, ni octroi fiscal, mais la législation peut établir ou des prohibitions de vente ou un règlement de la quantité de matières premières ou d'objets fabriqués qu'il est interdit d'introduire ou d'exporter. Il est dressé jour par jour un compte public des matières et objets introduits de l'étranger par le commerce, et dont la connaissance peut être utile au public. La statistique économique du pays est également tenue à jour et publiée. Tout citoyen a le devoir de se prêter aux mesures légales ordonnées sur ce sujet.

103. La monnaie de l'Etat est partiellement ou absolument fiduciaire. Elle a cours forcé. Les dates de remboursement du papier public de crédit sont échelonnées officiellement et ne peuvent être fixées à plus de trente ans. Les particuliers, les communes, les départements peuvent, sous la réserve des règlements publics, émettre aussi des papiers de crédit auxquels l'Etat a le droit d'accorder le cours forcé, général ou local, pendant une période déterminée. Elle ne peut être de plus de dix ans.

104. L'Etat ne contracte aucune dette perpétuelle, mais il paye intégralement le capital réel de toute dette qu'il a contractée. Il peut en outre payer un intérêt légal.

Il peut souscrire avec ses prêteurs et ses créanciers des contrats de rente viagère à leur profit. Il a le droit d'assigner des pensions ou autres avantages rémunératoires aux citoyens qui lui ont procuré à lui-même des avantages spéciaux ou qui ont hasardé pour la nation leurs biens ou leur personne. Ces pensions et avantages sont susceptibles de déchéance ou de diminution pour cause d'indignité ultérieure judiciairement constatée. L'État peut, sous la même réserve, appeler les ascendants, femme, enfants, petits-enfants, frères, sœurs de ces citoyens, à bénéficier par représentation, viagèrement ou pour un temps préfix, des droits du citoyen méritant.

105. Les recettes et dépenses de l'Etat sont faites et gérées par la Trésorerie nationale, sous la responsabilité du ministre des finances et la surveillance du Corps législatif.

106. Tous les budgets communaux, départementaux, nationaux, sont publiés annuellement; ils sont dressés par prévision approximative. Toute dépense extraordinaire est faite et ne peut être faite que sous la responsabilité de ceux qui l'ont ordonnancée en vertu de leur pouvoir compétent. Il n'y a pas de cautionnements préalables en argent, mais il peut être exigé des cautions et garanties en matière d'adjudication publique. Pour toute adjudication publique, l'adjudicataire devra, s'il doit employer des coopérateurs-ouvriers, indiquer le prix *maximum* de leur journée de travail ou de leurs tâches: ce prix devra être payé par lui aux ayants droit, selon la clause souscrite, sans subir aucune diminution. Il représentera les quittances des ouvriers.

107. Toute adjudication de marché avec l'Etat, le département ou la commune est publique, sauf autorisation du comité des finances nommé par le Corps législatif pour les marchés avec l'Etat, ou ratification par les électeurs pour les marchés avec la commune ou le département.

108. La force générale de la République est composée du peuple entier distribué en plusieurs bans de garde nationale. La République entretient à sa solde, même en

temps de paix, des corps spéciaux et des *cadres*, formés de volontaires, pour les services militaires de terre et de mer.

109. Il n'y a point de corps spécial et permanent de police ; mais les administrateurs communaux et départementaux désignent annuellement des officiers de police ayant droit de requérir la force armée, de présider aux arrestations ainsi qu'à l'exécution des sentences de justice correctionnelle ou criminelle, et de garder les prisonniers.

110. Toute force armée agit à l'intérieur sur l'ordre des autorités électives compétentes ; à l'extérieur sous la direction du ministre de la guerre et la surveillance du comité militaire nommé par le Corps législatif. Néanmoins, tout chef de corps ou de détachement est coupable pour sa part dans l'exécution d'un acte évidemment inconstitutionnel ou antinational, cet acte lui fût-il même commandé.

111. L'éducation et l'instruction des citoyens sont libres ; mais tout enfant doit fournir la preuve, à treize ans, qu'il sait lire et écrire. S'il ne peut la fournir, la cause de cette ignorance est recherchée par les magistrats municipaux. Il est pourvu, en cas de faute des parents, à ce que l'enfant soit provisoirement retiré de leur autorité et instruit. Le juge de paix peut prononcer contre eux une amende. Les écoles primaires publiques donnent l'instruction indispensable à tout citoyen : les enfants et adolescents y reçoivent gratuitement les leçons, des livres, des aliments, des vêtements. Les autres écoles de l'Etat sont également gratuites ; mais on ne peut y entrer que par un concours dont les conditions et programmes sont réglés par les autorités, soit communales, soit départementales, ou par le corps législatif. Il existe d'ailleurs des cours spéciaux et particulièrement des cours de méthode, des conservatoires, des musées, des bibliothèques, dont l'accès est gratuitement ouvert à tous, sous de simples garanties de bon ordre, et dont l'Etat fait les frais, en totalité ou en partie. Les instituteurs publics ne forment pas une corporation. Ils

délivrent aux élèves des écoles de l'Etat des certificats d'études.

Tout maître et toute école libre ont le même droit pour leurs élèves ; mais leurs déclarations à cet égard peuvent être contestées et annulées par les conseils municipaux et départementaux, sauf sentence contraire des tribunaux. Les parents et les instituteurs sont responsables de l'éducation physique et des mœurs de l'enfance et de la jeunesse. Chaque section communale pourvoie ou contribue aux frais d'une salle de lecture et d'une bibliothèque appropriées au besoin de la population et de la commune.

112. Tout corrupteur ou agent de corruption des mœurs publiques, tout marchand ou courtier qui sophistique les denrées alimentaires ou qui trompe sur leur nature et leur poids peut être temporairement banni par jugement du territoire de la commune et même du département où il s'est rendu coupable. L'Etat peut interdire à ce marchand ou à ce courtier le commerce qu'il a exercé frauduleusement.

113. La même peine du bannissement peut être prononcée contre les violateurs de la paix publique.

114. Il est dressé un code des peines et des récompenses. Les juges ne peuvent prononcer que les peines portées dans ce code ; mais ils prononcent celles qu'ils estiment analogues à la gravité de la faute, du délit ou du crime et dans la quotité qu'ils croient convenable.

Le code pénal ne précise que les peines dues aux fonctionnaires et agents publics.

Toute peine, sauf le cas de haute trahison et de félonie, est rémissible. La peine est exemplaire, supprime aux coupables le pouvoir de nuire, tend à leur amendement et à l'ordre général.

115. Nul ne peut se faire justice à lui-même; mais, en eas de péril éminent accompagné de flagrant délit, chacun est en droit de réprimer l'agression dont il est l'objet par les moyens de force dont il dispose.

116. Nul n'est censé ignorer les lois d'humanité et

d'ordre civil ou civique. L'ignorance des réglements peut-être invoquée comme excuse atténuante.

117. Le peuple français est l'ami et l'allié naturel des peuples libres. Il envoie des ambassadeurs et il en reçoit pour des objets déterminés ; mais il n'a au dehors et ne reçoit en permanance que de simples agents consulaires.

118. Il ne s'immisce point dans le gouvernement des autre nations libres, et ne souffre pas que d'autres nations s'immiscent dans le sien.

119. Il ouvre son territoire aux étrangers et ne le leur ferme que pour la garde de sa sureté et de son honneur. Un étranger peut devenir français par autorisation du Corps législatif, sous condition d'être présenté par une commune.

120. Le peuple français ne fait point la paix avec un ennemi qui occupe son territoire.

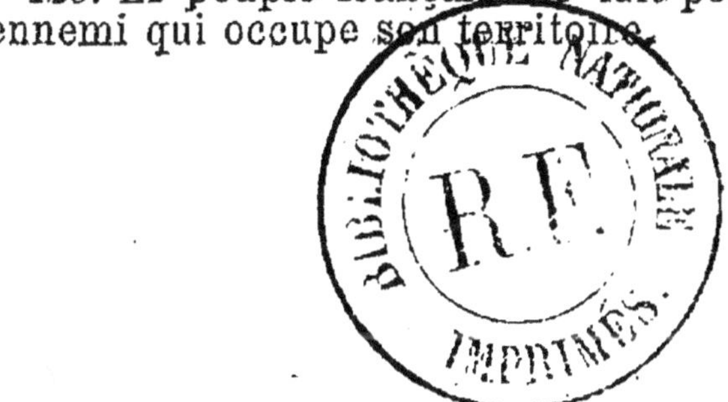

PARIS. — IMPRIMERIE DE DUBUISSON ET COMP., RUE COQ-HÉRON 5.